# ア・ラ・カル堂
# お菓子の100枚レターブック

*The Sweets of à la car-do*
*100 Writing & Crafting Papers*

「ほっこりおいしそうなイラストと、遊び心のあるステーショナリー」をコンセプトに、
ワクワクやトキメキをお届けするために日々、作品作りをしています。
わたし自身が「あったらいいな。」と思うものをデザインし、
モチーフの一つひとつにストーリーを込めています。
このレターブックには、手紙・手帳デコ、ラッピング・デコレーション、
雑貨作りなどに使用しやすい絵柄を春夏秋冬に分けて100枚収録し、
季節を彩るかわいいモチーフ・パターン・イラスト紙をギュッとつめ込みました。
いろいろ組み合わせて自由に使うことができるのも魅力の一つです。
まるでお菓子の国に迷い込んだような、楽しい気持ちになっていただけたらうれしいです。

ア・ラ・カル堂

I strive every day to create works that exhilarate and inspire.
Step into my world of delightfully delicious illustrations and playful stationery.

All my designs are precisely what I yearn to have myself, with a story woven through each motif.

This letter book is filled with 100 individual writing and crafting papers,
seasonally divided into spring, summer, autumn, and winter.
The adorable motifs, patterns, and illustrations bring a touch of color to the seasons,
making them perfect for use as letter paper, notebook decorations,
wrapping paper, crafting and other creative projects.

One of the book's irresistible charms is that it encourages mixing and matching.
I hope it leaves you feeling magical, as though you have drifted into a world of sweets.

à la car-do

# 100枚レターブックの楽しみ方

本書は1枚ずつ切り離して使うことができる
100枚の紙を収録したレターブックです。
便せんとしてはもちろん、切ったり貼ったり折ったり、
いろいろ組み合わせて好きな使い方を見つけてください。

次ページからは、ア・ラ・カル堂らしい
100枚レターブックの楽しみ方をご紹介します。

〈使用上の注意〉

○ ページをしっかり開き、紙をゆっくり引っ張るときれいに剥がせます。
○ 使用する筆記具によってはインクがにじむことがあります。

## 手帳のリフィル

専用の穴あけパンチを使い、
お気に入りの紙を綴じます。メモしたり、
日記のように書き込んだり、好きな紙を
組み合わせてオリジナルの1冊がつくれます。
ページを仕切るためのアクセントにも。

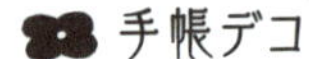

## 手帳デコ

絵柄を切り抜いて手帳デコに。さまざまなイラストを組み合わせて
オリジナルの楽しいページの完成です。

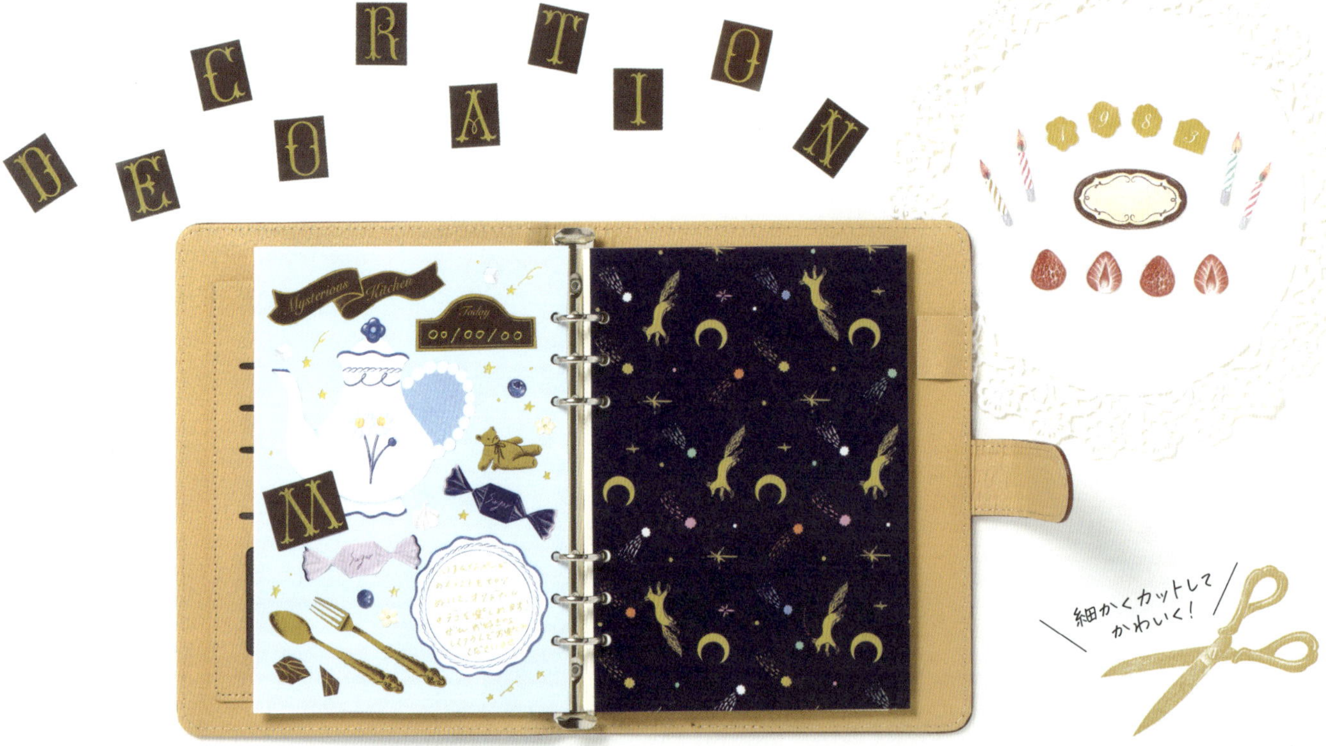
DECORATION
Mysterious Kitchen
Today
00/00/00
1983
細かくカットして
かわいく！

## メモ帳

イラストを丁寧に切り取ると小さなメッセージカードになります。
切ったり貼ったりして、いろいろ組み合わせても楽しいです。

## レターセット

同じ絵柄が2枚ずつ入っている紙は
1枚は便せん、もう1枚は封筒に。
小さく切ったイラストを封印シールとして使います。

封筒のテンプレート→ P13 ～15

## フレームアート

気に入った紙をそのままフレームに入れて
飾るだけでお部屋が明るくなります。
いくつか好みのものを組み合わせても○

### コラージュ

「ピクニック」がテーマの紙の組み合わせ。
赤のチェックのレジャーシートに
切り取ったピクニックのアイテムを散らして。

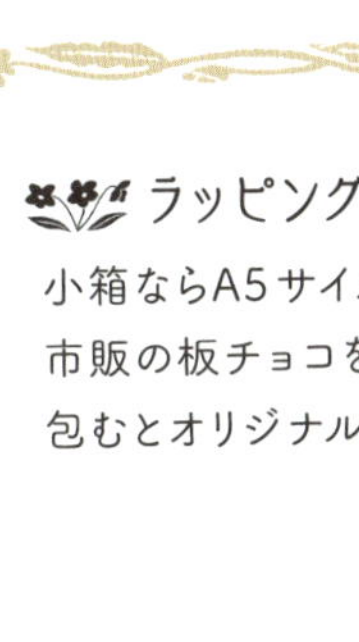

## ラッピング

小箱ならA5サイズの紙1枚で包めます。
市販の板チョコを「チョコレートアパートメント」の紙で
包むとオリジナルラッピングの完成。

## ティーパーティー

紙を二つ折りにしたり、
切って包んで
くるんだりするだけで
メッセージカードに早変わり。

「クッキー缶」の紙は缶のフタの裏に
メッセージが書き込めます。
「アイスとワッフルコーン」の紙は
メッセージカードに、「メニュー」の
紙はお品書きに。
アイスとワッフルコーンの作り方→ P13

## Ice cream letter set

### 作り方＆使い方

＼こちらの2枚を使用します／

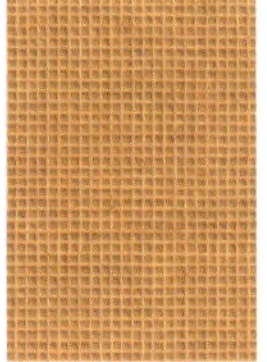

①

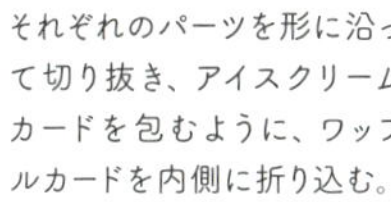

それぞれのパーツを形に沿って切り抜き、アイスクリームカードを包むように、ワッフルカードを内側に折り込む。

②

組み立てたワッフルコーンスリーブにすっぽりと入れて完成！

ドライフラワーを入れて、アイスクリームのブーケに！

お好きな形にカットして、デコレーションの素材に！

## 封筒の展開図　50％縮小

200％で拡大コピーして、型紙としてご利用ください。

## いろいろな封筒

下の型紙をコピーして実線で切り取ります。
好きな紙の表面に型紙をのせ、えんぴつなどで型を取り、カッターやハサミなどで切り取ります。

封筒：①～④の順に山折りし、のりしろ○の裏面をのりづけする。
ぽち袋：A ～ Dの順に山折りし、のりしろ▲、のりしろ■の順に裏面をのりづけする。

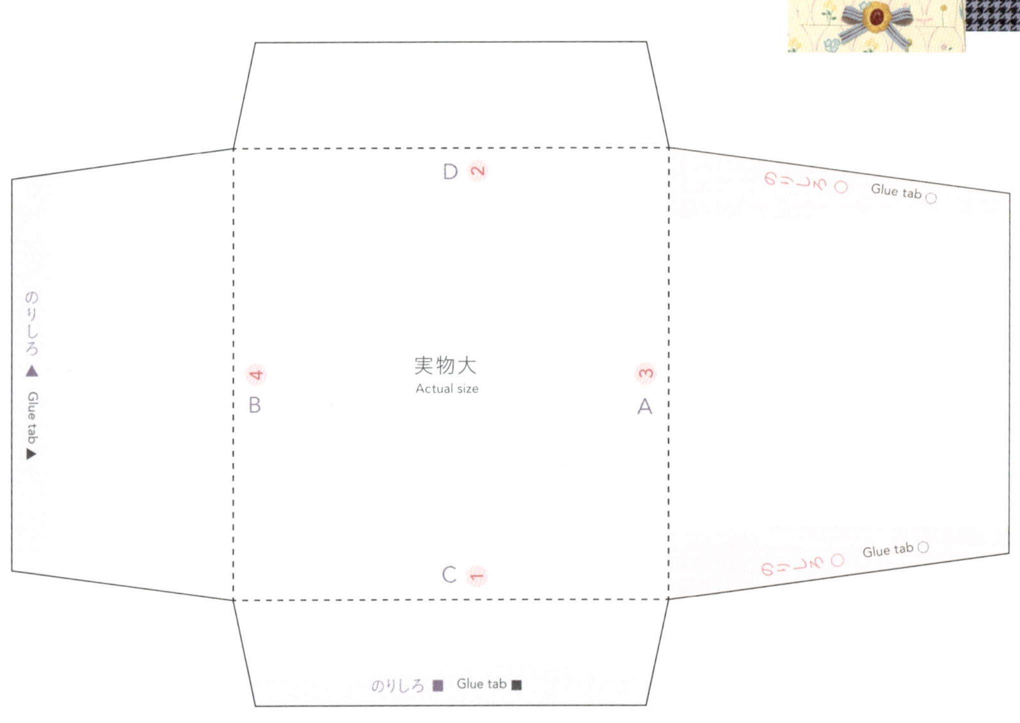

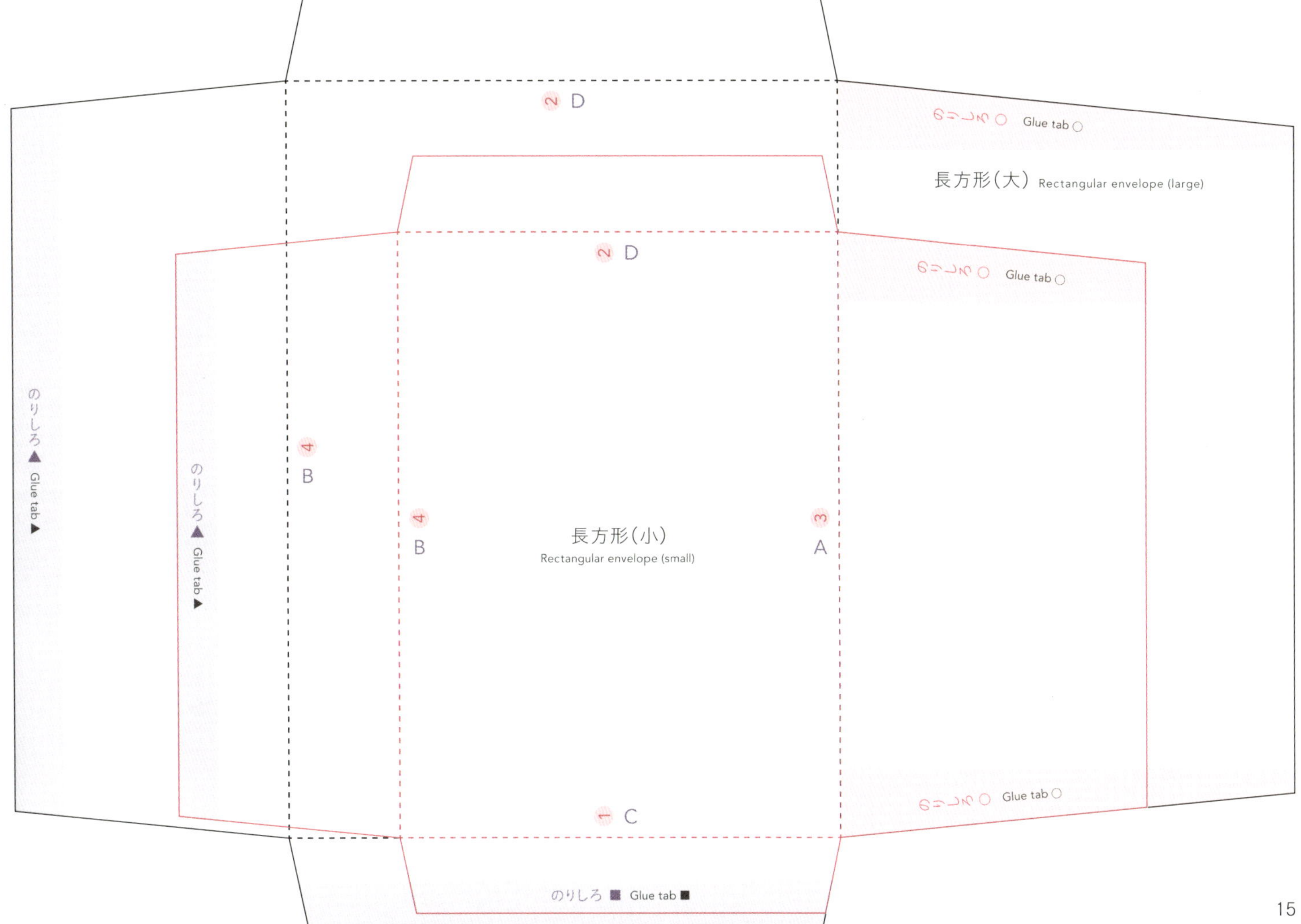
② D
のりしろ ○ Glue tab ○
長方形（大） Rectangular envelope (large)
② D
のりしろ ○ Glue tab ○
のりしろ ▲ Glue tab ▲
④ B
のりしろ ▲ Glue tab ▲
④ B
長方形（小）
Rectangular envelope (small)
③ A
のりしろ ○ Glue tab ○
① C
のりしろ ■ Glue tab ■

# ア・ラ・カル堂
# お菓子の100枚レターブック

*The Sweets of à la car-do*
*100 Writing & Crafting Papers*

「100枚レターブック」特設サイトでレターブックの取扱店舗一覧、使い方を紹介した連載などをご覧いただけます。最新情報をお届けするメルマガもぜひご登録ください。

「100枚レターブック」は
株式会社パイ インターナショナルの
登録商標です。
登録商標第 5921106号


2025年 2月14日　初版第1刷発行
2025年 4月24日　　第2刷発行

編著　パイ インターナショナル
イラスト　ア・ラ・カル堂
デザイン　関 木綿子（PIE Graphics）
翻訳　木下マリアン
撮影　藤牧徹也
校正　株式会社ぷれす
編集協力　青木美菜子（PIE Graphics）
編集　及川さえ子

発行人　三芳寛要
発行元　株式会社パイ インターナショナル
〒170-0005　東京都豊島区南大塚 2-32-4
TEL：03-3944-3981　FAX：03-5395-4830
sales@pie.co.jp

印刷・製本　TOPPANクロレ株式会社


〈使用上の注意〉
・製本には十分配慮しておりますが、紙を剥がしやすくする仕様上、繰り返し開閉することで、本体から紙が剥がれる場合がございます。
・ページをしっかり開き、紙をゆっくり引っ張るときれいに剥がせます。
・使用する筆記具によっては、インクがにじむ場合がございます。



ISBN978-4-7562-5981-3 C0070
Printed in Japan



ご注文、乱丁・落丁本の交換等に関するお問い合わせは、小社までご連絡ください。
著作物の利用に関するお問い合わせは以下をご覧ください。
https://pie.co.jp/contact/

The Sweets of à la car-do 100 Writing & Crafting Papers




PIE International Inc.
2-32-4 Minami-Otsuka, Toshima-ku, Tokyo 170-0005 JAPAN
international@pie.co.jp
www.pie.co.jp/english

ISBN978-4-7562-5994-3 (Outside Japan)
Printed in Japan

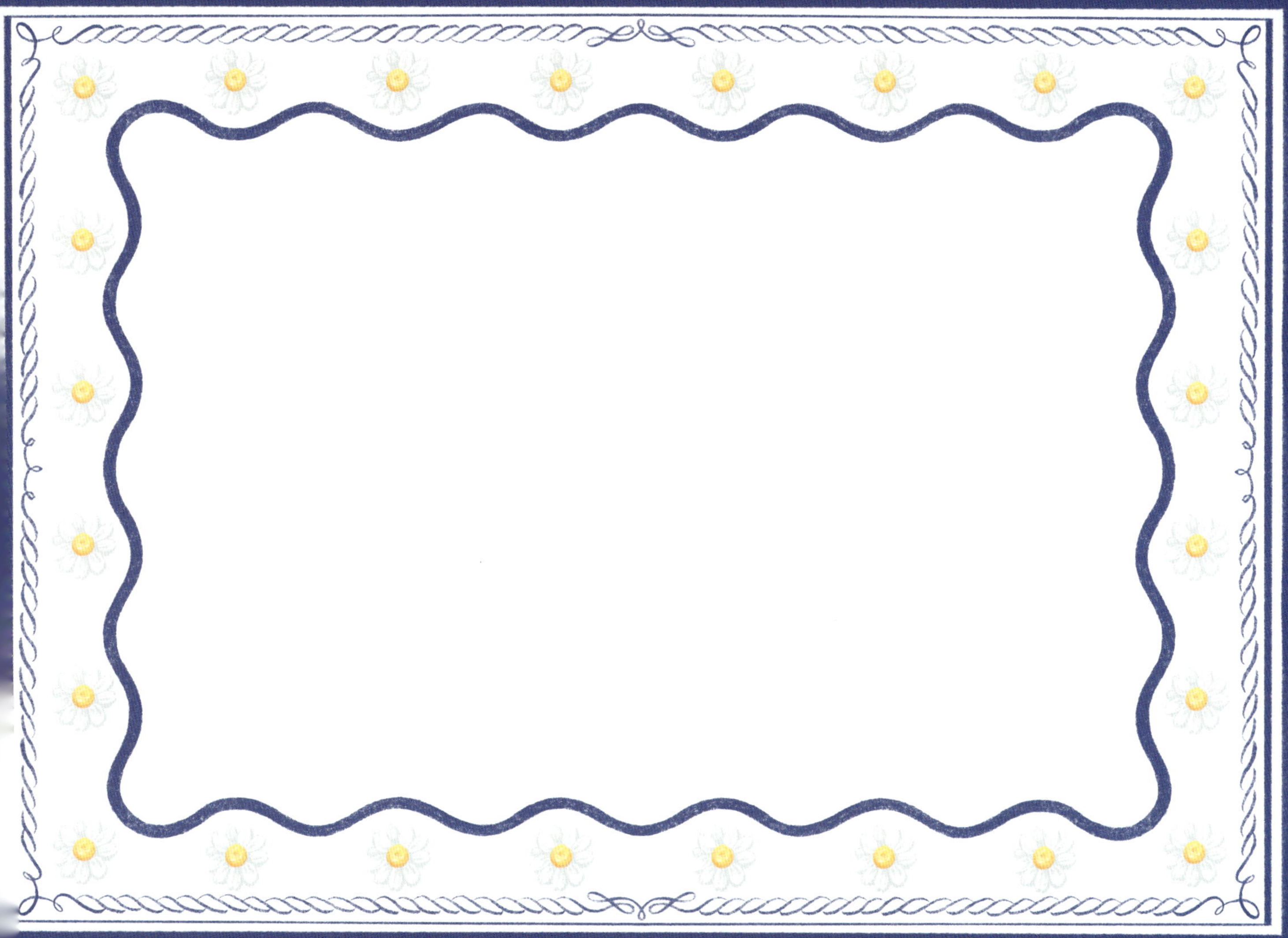

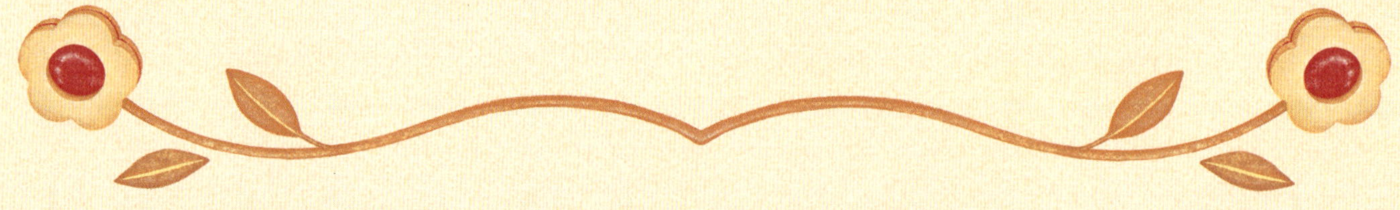

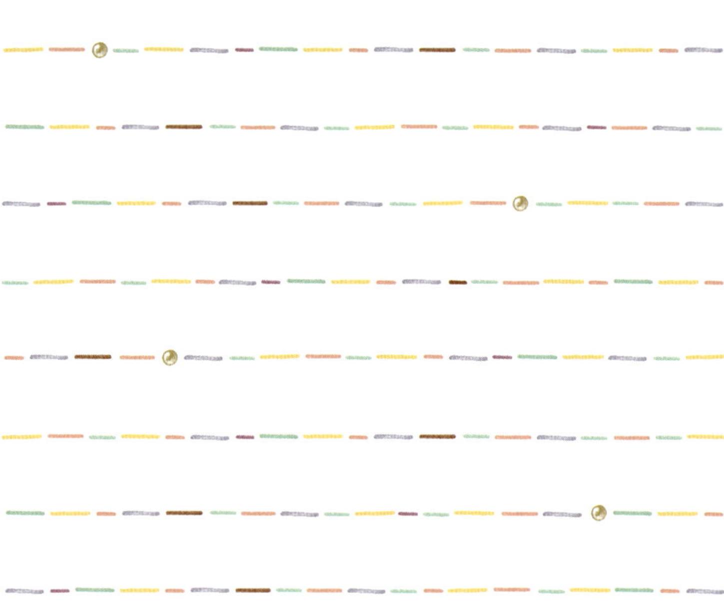

DRINK
ME
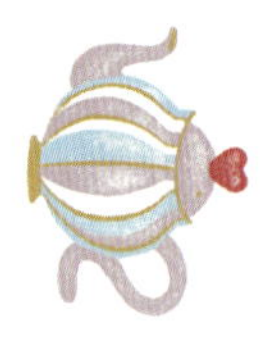

DRINK
ME

A

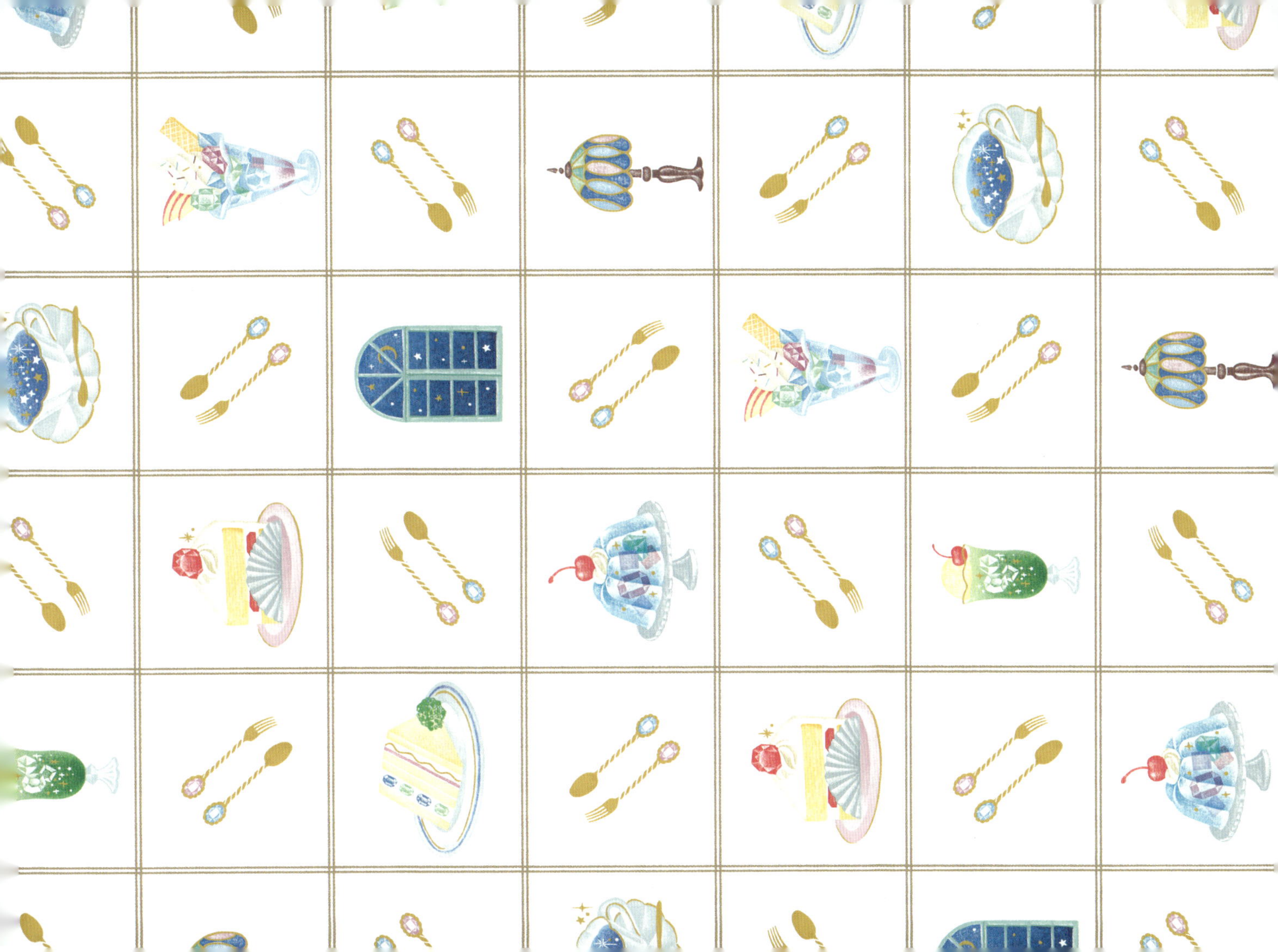

Menu

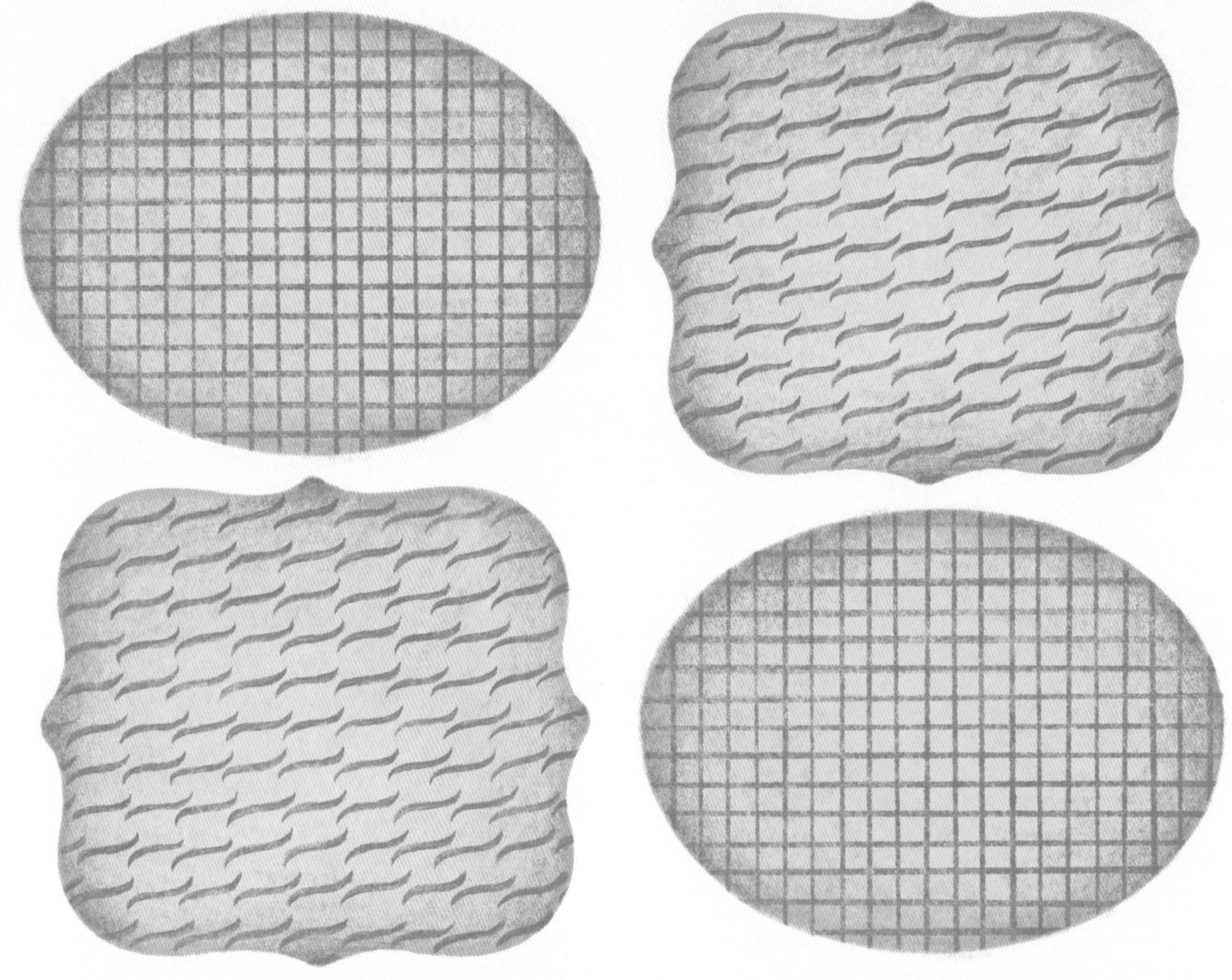

Bon appétit

Sugar
Sugar
Sugar
Sugar
Sugar
Sugar
Sugar
Sugar
Sugar
Sugar
Sugar
Sugar
Sugar
Sugar
Sugar

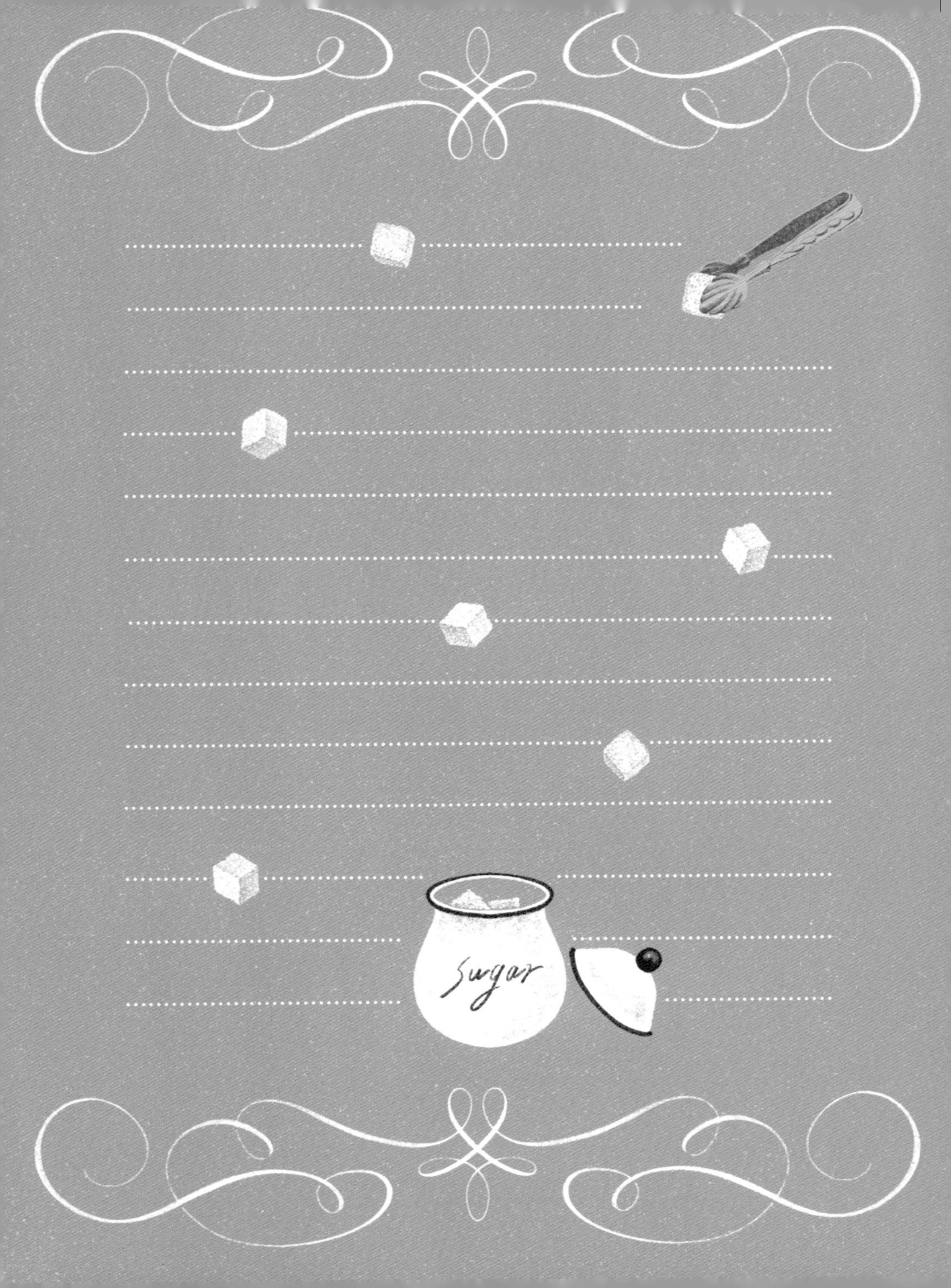
Sugar

Flour
Flour
Flour
Flour

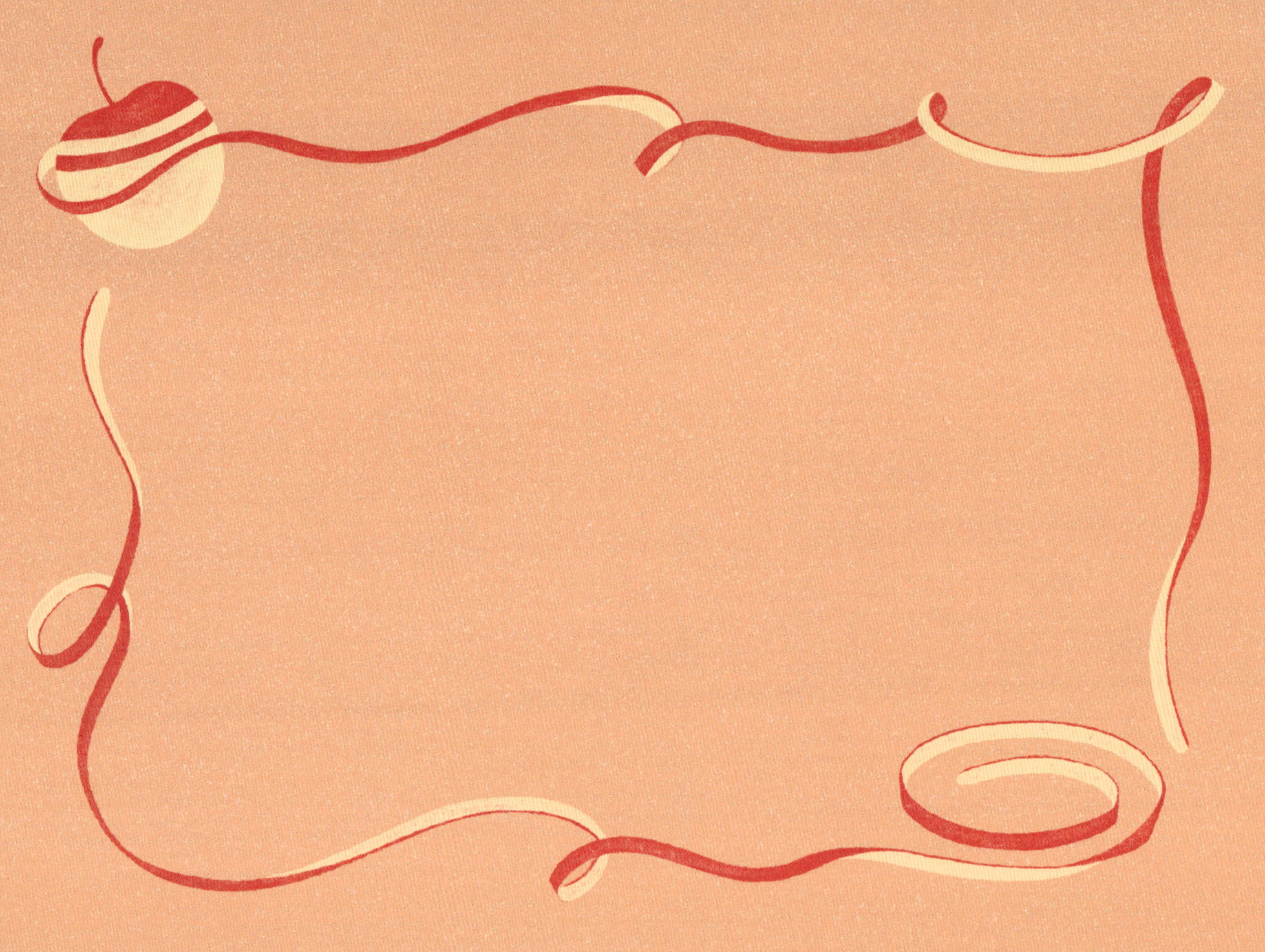

Cafe

Liqueur

Mysterious Kitchen
Today

BISCUIT

Bitter
Bitter
Bitter
Bitter

A B C D E F G
H I J K L M N
O P Q R S T U
V W X Y Z

0 1 2 3 4 5 6 7 8 9
0 1 2 3 4 5 6 7 8 9
Happy Birthday

To
From

Gokigenna
Biscuit
Happy Sweets

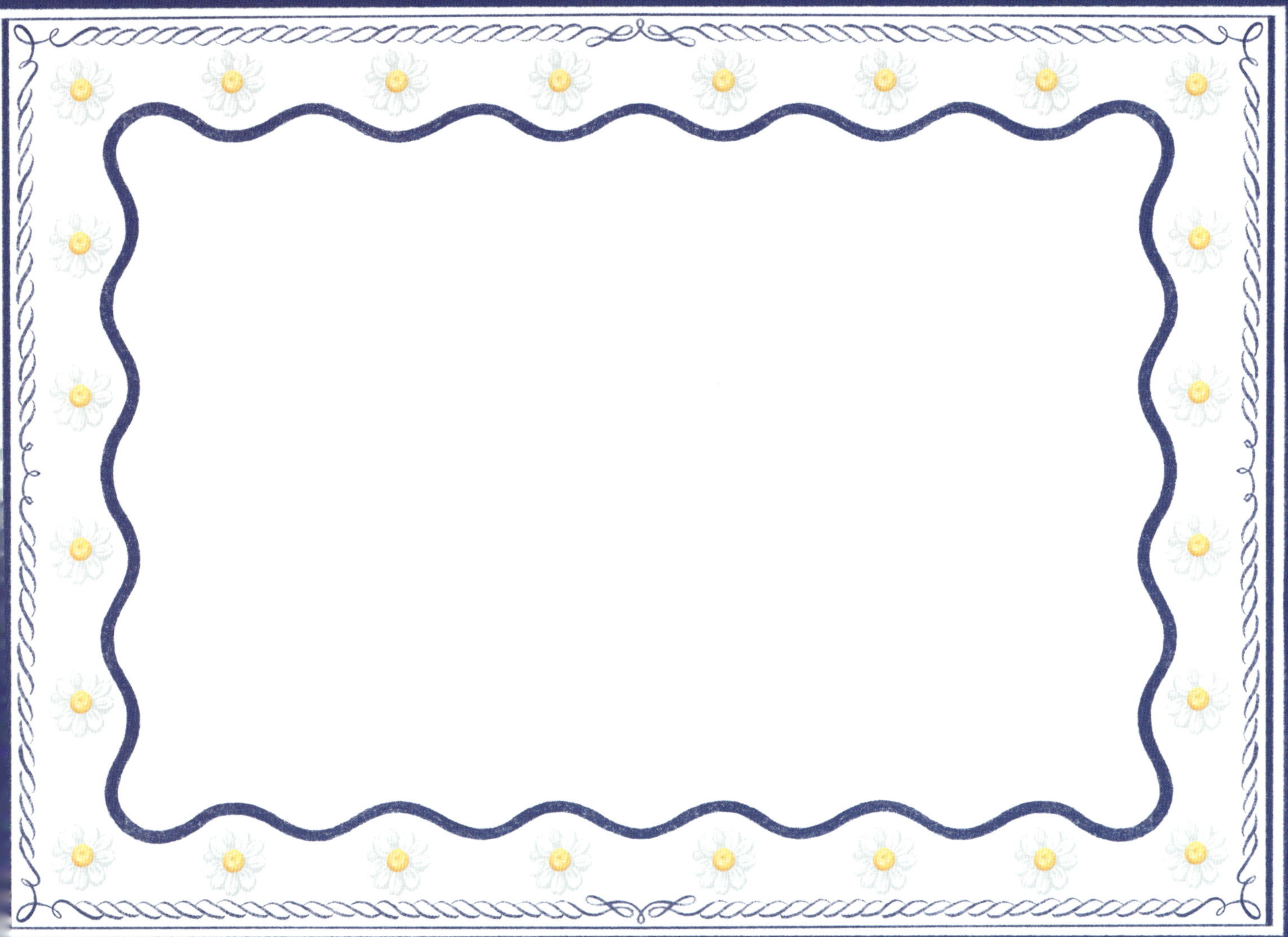

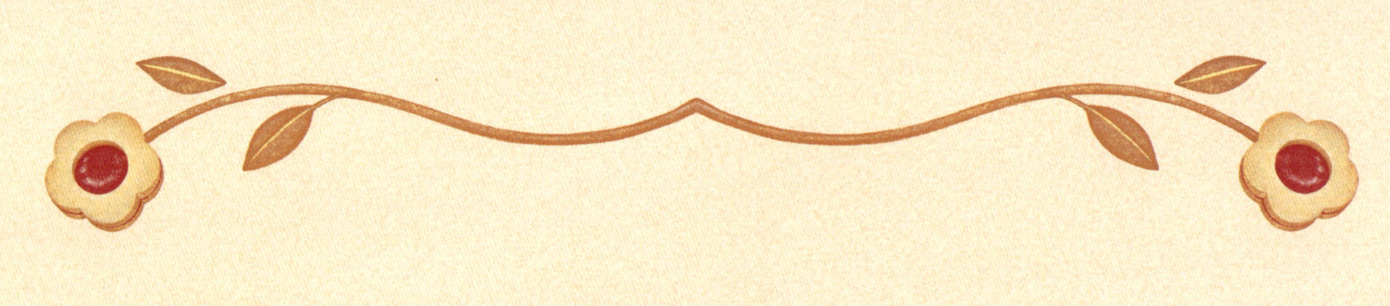

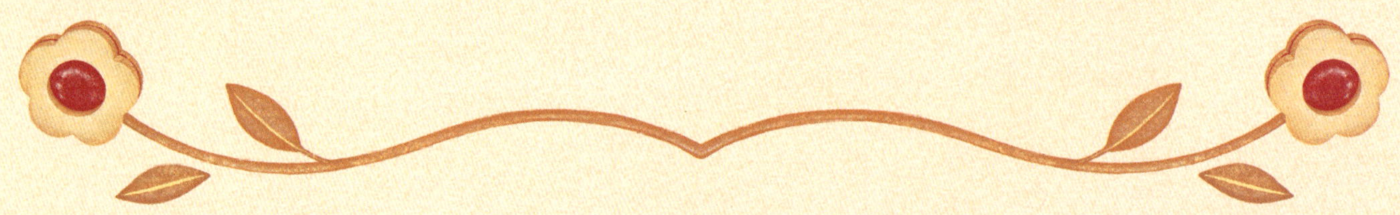

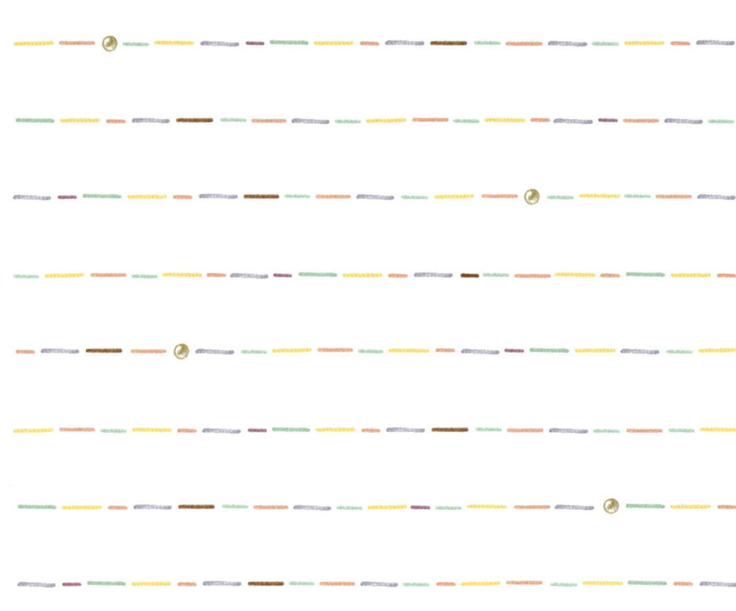

DRINK
ME

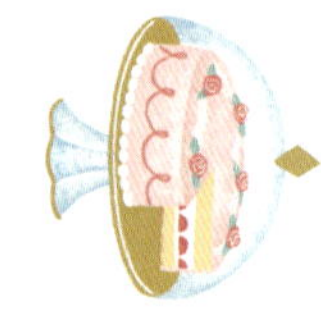

DRINK
ME

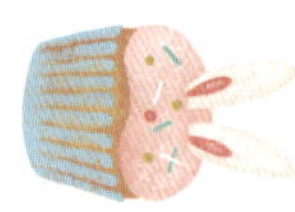

A

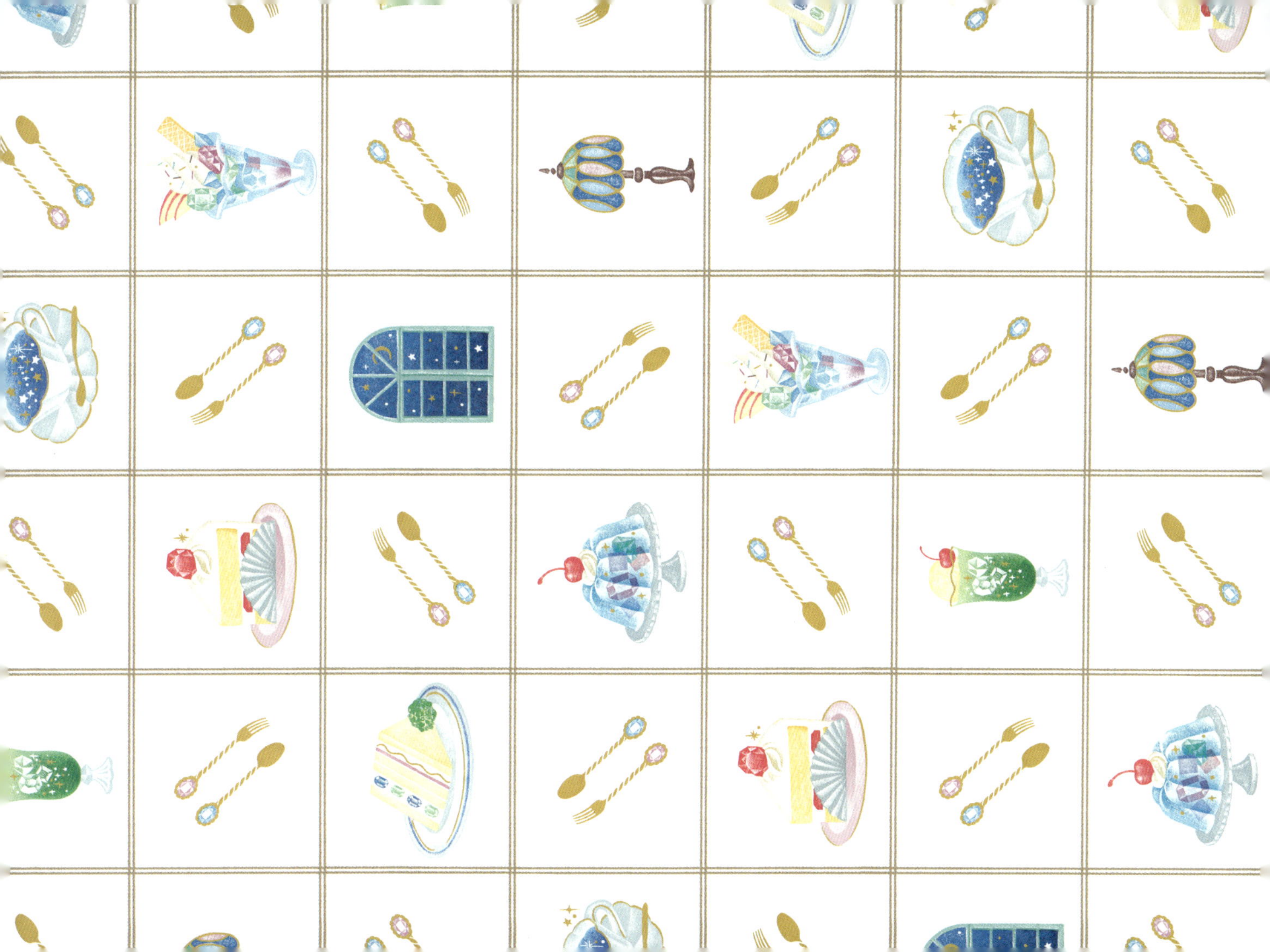

Menu

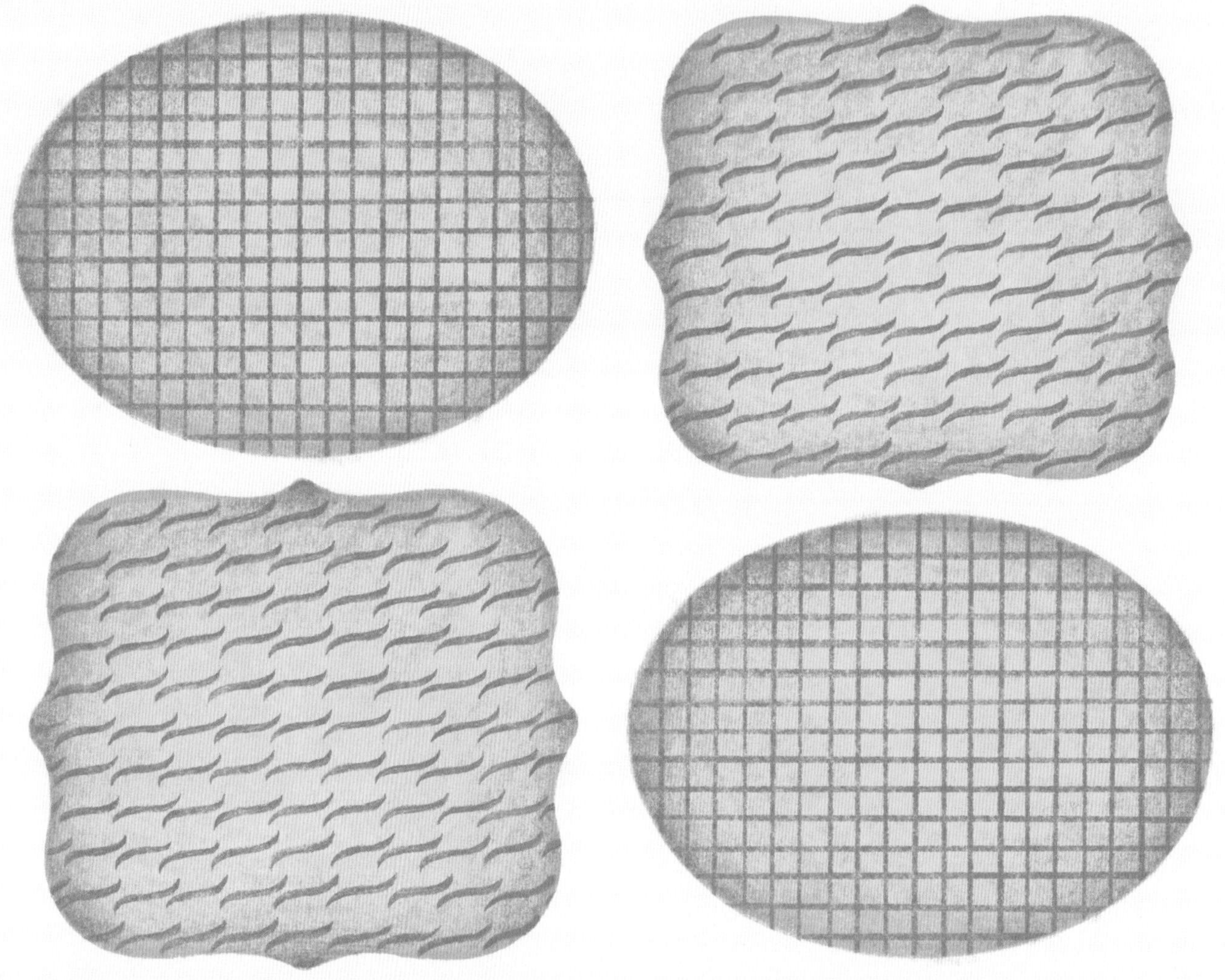

Bon appétit

Sugar

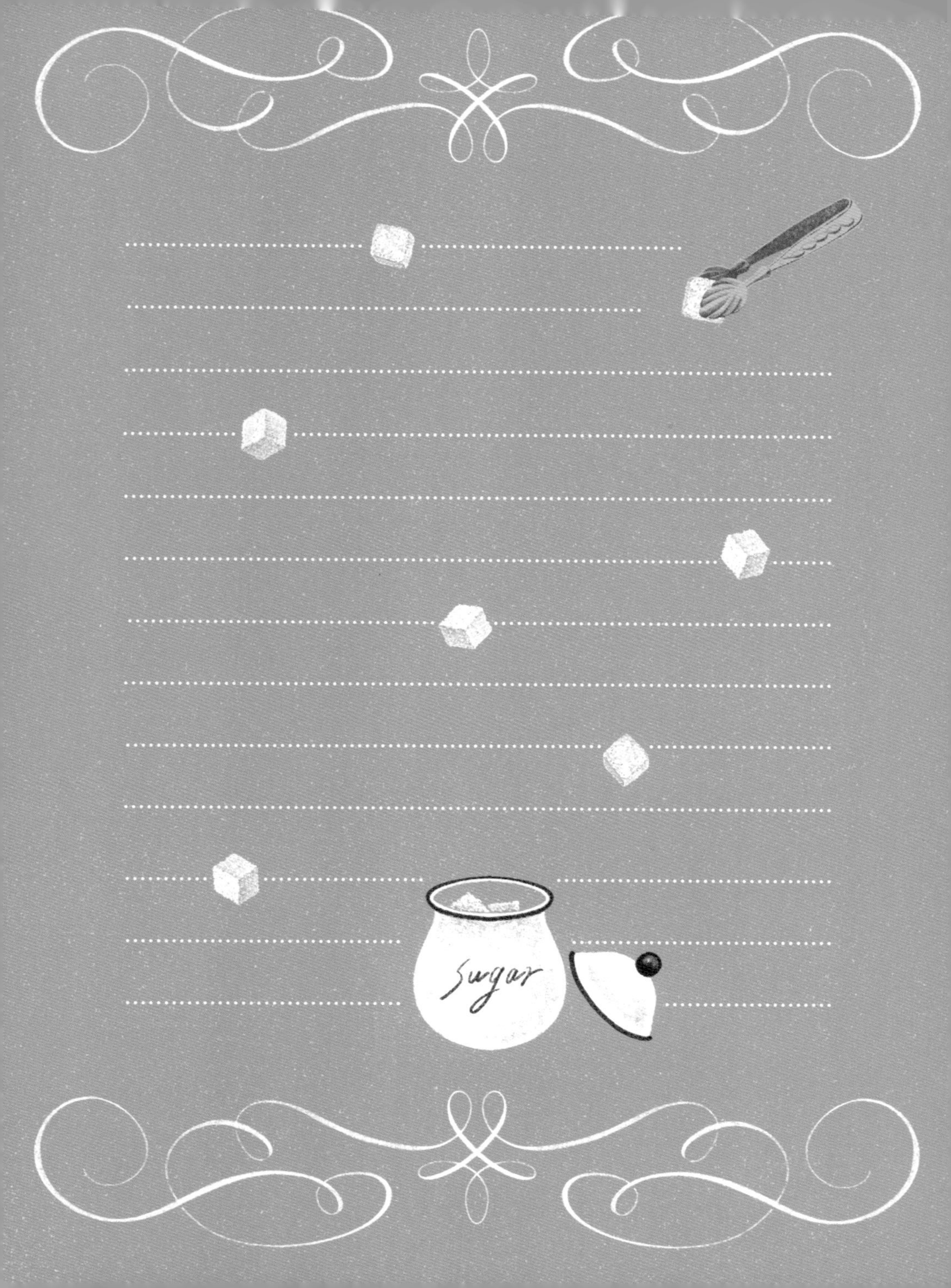
Sugar

Flour
Flour
Flour
Flour

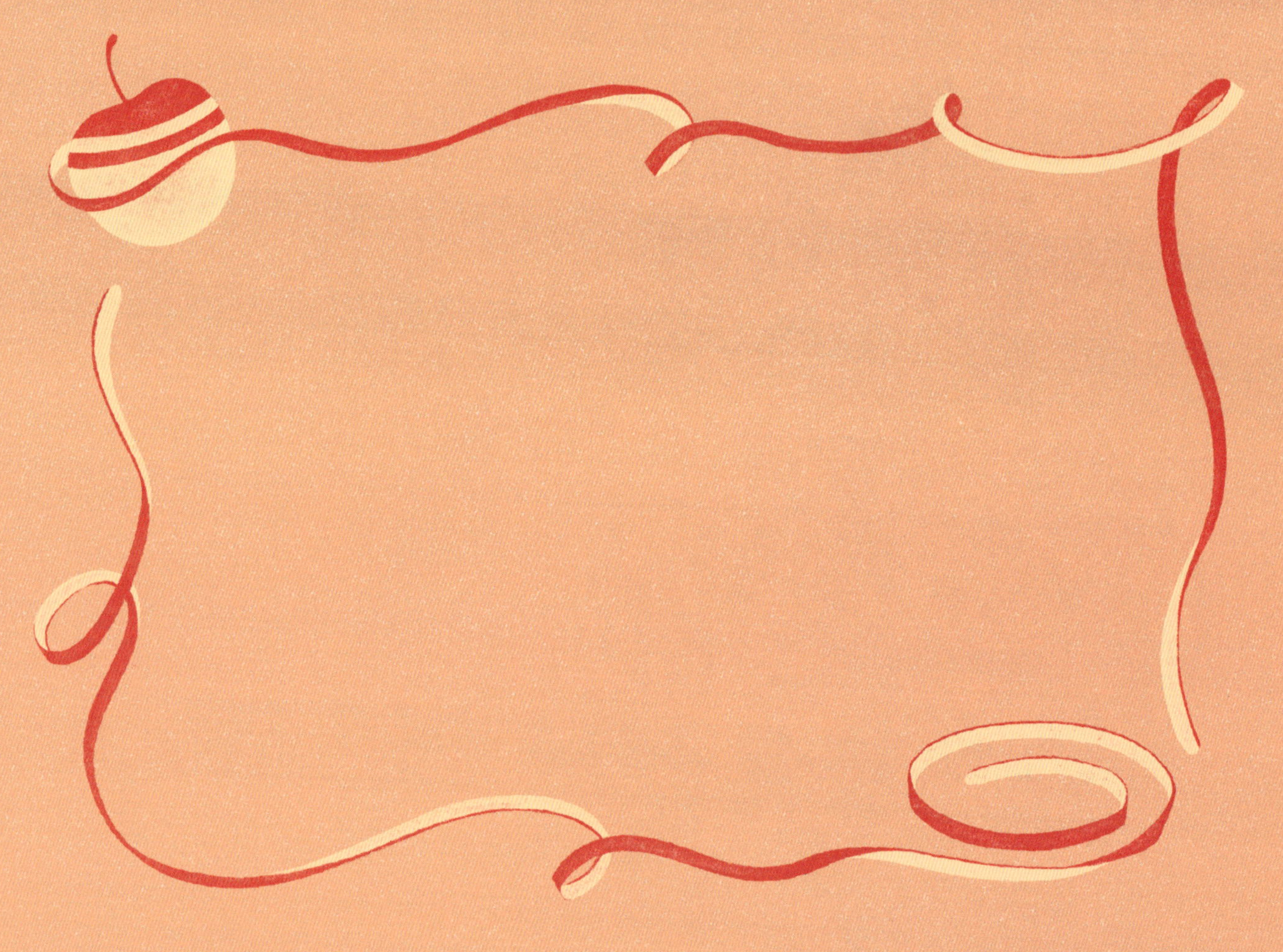

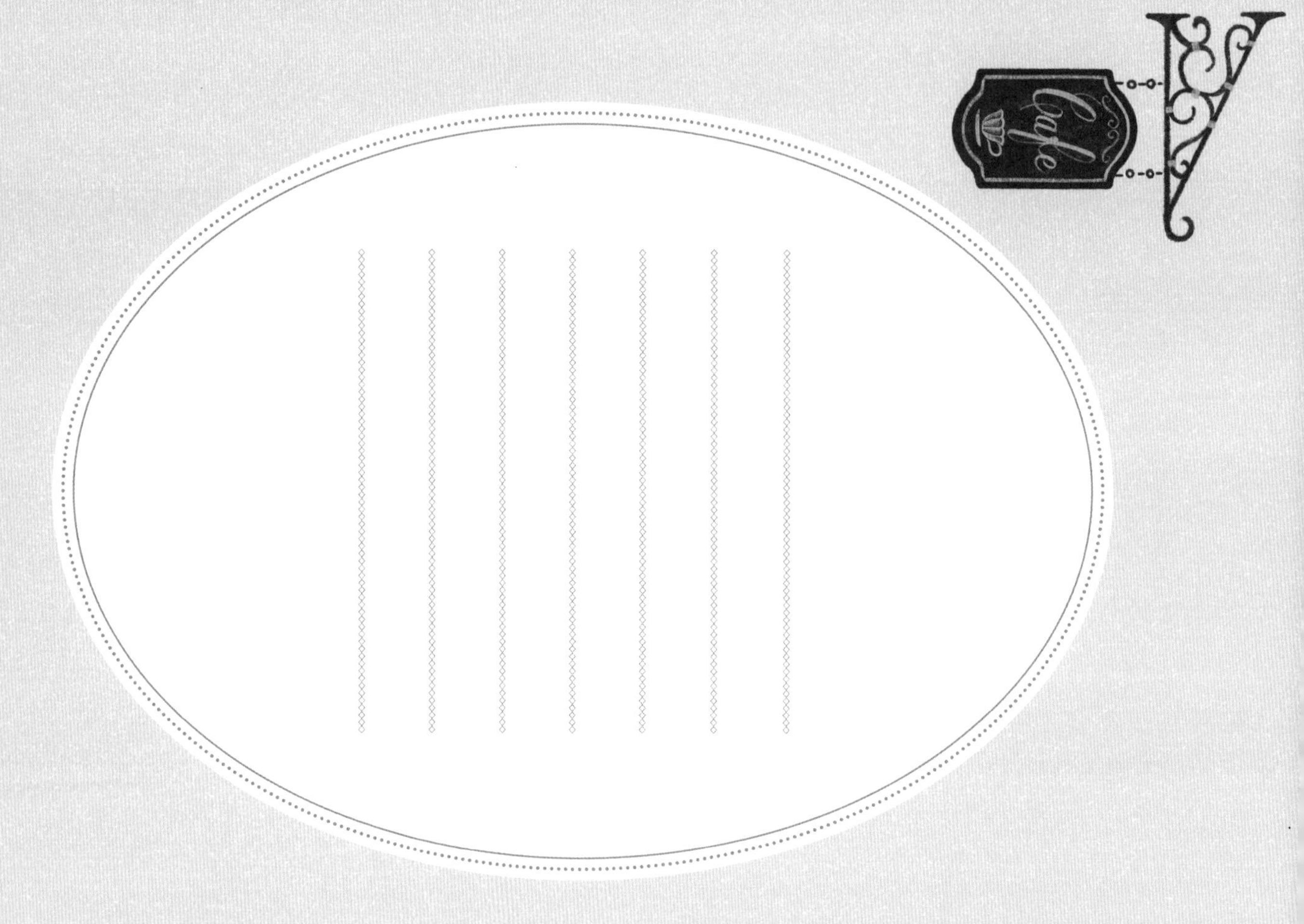

Liqueur

Mysterious Kitchen

Today

BISCUIT

Bitter
Bitter
Bitter
Bitter

A B C D E F G

H I J K L M N

O P Q R S T U

V W X Y Z

0 1 2 3 4 5 6 7 8 9
0 1 2 3 4 5 6 7 8 9
Happy Birthday

To
From

Gokigenna
Biscuit
Happy Sweets

Especially for you
Especially for you
Especially for you
Especially for you
To
From